ALESSANDRO SANVITO

BROKER IMPRENDITORE

Come Costruire un'Agenzia Immobiliare di Successo con un Team Capace di Liberare il tuo Tempo e Aumentare i tuoi Utili

Titolo

"BROKER IMPRENDITORE"

Autore

Alessandro Sanvito

Editore

Bruno Editore

Sito internet

http://www.brunoeditore.it

Sommario

Prefazione
(a cura di Alfio Bardolla)

Alessandro è sempre alla ricerca di qualcosa che possa aiutare gli altri a migliorare e il suo motto è "servire per condurre".

Ha saputo trasformare una piccola agenzia immobiliare in un'azienda che ha lo scopo di funzionare da sola e di costruire carriere che consentano di guadagnare, oltre che il denaro, l'unica cosa impossibile da acquistare: il tempo.

La gestione operativa dei processi aziendali permette alle persone di avere una crescita economica e di impresa.

Attraverso la formazione interna, il coaching e il mentoring, prepara gli agenti immobiliari alla delicata professione del mediatore, fino a guidarli al passo successivo, quello imprenditoriale.

L'aiuto che dà nella costruzione di team, delle vere e proprie agenzie nell'agenzia, offre l'opportunità ai più motivati di creare delle vere e proprie imprese che, per chi si impegna, generano entrate automatiche e slegano il tempo dal denaro.

Questi sono alcuni dei segreti che hanno permesso ad Alessandro di costruire un'agenzia di 100 persone appassionate e in costante evoluzione.

In questo libro vi sono i segreti per evolvere come imprenditore nell'intermediazione immobiliare e velocizzare il successo, grazie alla sua visione in cui le persone sono al centro del progetto e non intorno a esso. Per lui questa è una responsabilità.

Alfio Bardolla

Introduzione

Sei soddisfatto della tua attività professionale? Se nella tua professione sei giunto a un bivio, questo libro è per te. Potrai capire se l'attività di consulente immobiliare può essere la strada che ti porterà al successo.

Oppure se già intraprendi questa professione, potrai trarre spunto su come crescere professionalmente e ampliare il tuo business.

Come avrai capito, questo libro si rivolge sia a persone già introdotte nel settore dell'intermediazione immobiliare, sia a titolari di agenzie immobiliari, sia a persone che hanno attitudini commerciali e che vogliono intraprendere una nuova carriera lavorativa nel mondo immobiliare.

Non ricordo il giorno preciso, è il mese di ottobre 2017, ore 8:00 del mattino. L'aereo sul quale viaggio, proveniente da Milano Malpensa, atterra all'aeroporto di Lisbona. Ancora un po' frastornato, mi reco frettolosamente al ritiro bagagli, non voglio sprecare tempo. Qualche mese prima mi avevano parlato di un centro di intermediazione immobiliare, sì, hai capito bene, un centro di intermediazione immobiliare dove lavoravano oltre 300 agenti, una delle strutture immobiliari più grandi d'Europa facente parte del mondo Re/max.

All'uscita dall'aeroporto di Lisbona, un camioncino nero della Re/max Expo di Lisbona ci sta attendendo. Sono invaso da adrenalina, emozione e una curiosità fremente di voler vedere qualcosa mai visto prima. Dopo circa 10 minuti, finalmente ci siamo, il furgoncino si ferma, scendiamo e davanti a noi si para la struttura di intermediazione immobiliare numero 1 d'Europa.

Hai presente quando eri bambino ed eri sul punto di entrare in un negozio di giocattoli? Ecco, la curiosità, l'emozione e la tensione erano le stesse. Varcata la porta, è iniziato il "sogno". Ecco che ci si fa incontro Luis Fernandes, uno dei broker titolari (avevo desiderato incontrare uno dei top broker del pianeta per potergli chiedere ciò che volevo, e adesso era lì, davanti a me), mi accoglie con calore e disponibilità.

Dopo i logici convenevoli, mi inizia a fare da guida portandomi a scoprire la sua azienda. Una grande reception di accoglienza anticipa un lungo corridoio dove, a destra, ci sono le sale trattative, poi una zona consulenti, 40 uffici privati per i team leader, gli uffici dei broker, l'amministrazione, il dipartimento legale e quello marketing. Durante il nostro giro negli oltre 1.000 metri quadrati, Luis mi ha ripetuto più volte quanto sia importante aiutare gli altri ad avere successo, e per aiutare gli altri intendeva pensare prima agli altri che a sé stessi. Sinceramente, in quel momento non capivo molto, ma ero lì per imparare, quindi se diceva così per me era così.

Sono Alessandro Sanvito, ho 43 anni, sono sposato con una donna fantastica che amo moltissimo e dal 2000 opero nel settore dell'intermediazione immobiliare. Dopo aver fatto la classica gavetta suonando campanelli all'impazzata (una volta era l'unico modo per trovare informazioni), nel 2003 ho aperto, insieme a mia sorella, la mia prima agenzia immobiliare, 60 metri quadrati nel centro di Meda, una piccola cittadina di 23.000 abitanti nel cuore della Brianza.

Fortunatamente gli affari sono sempre andati discretamente bene, anche durante la crisi del 2008. In quegli anni, come molti ricorderanno, il momento è stato duro e nella mia mente iniziava a essere stretto il pensiero di utilizzare un sistema operativo che ritenevo ormai obsoleto.

Nel 2000, quando ho iniziato questa splendida professione, il mio obiettivo era quello di lavorare per me stesso, di poter fare qualcosa che dipendesse solo ed esclusivamente dal mio impegno, dalle mie capacità e dalla mia resilienza. Ricordo di aver preso il telefono e di aver chiamato alcune attività commerciali, come per esempio concessionarie d'auto e agenzie immobiliari.

Quello che più mi ha colpito del settore immobiliare era l'opportunità di aiutare le persone a realizzare i propri sogni attraverso la vendita della casa. Di questo mondo mi ha subito affascinato l'opportunità di poter avere una crescita professionale esponenziale e per certi versi infinita.

Nel 2013, però, ci sono stati dei momenti molto duri, era una crisi vera ed era arrivata anche per me. Non vedevo nulla all'orizzonte, cercavo di capire come poter sopravvivere con il mio business ma non riuscivo a vedere la luce in fondo al tunnel. Ogni giorno mi facevo sempre le stesse domande. Come posso guadagnare di più? Dove posso trovare bravi consulenti? Come posso lavorare di più e meglio della concorrenza? Come posso far crescere il mio business? Da dove inizio? Forse queste domande te le sarai fatte anche tu almeno una volta.

Ci sono voluti due lunghi anni in cui ho tenuto duro e ho resistito finché, nel 2015, ho intravisto l'opportunità di poter fare qualcosa che fino a un momento prima non pensavo. Mi sono rimesso in gioco, studiando, formandomi, prendendo spunto da altri e circondandomi di persone che potessero insegnarmi qualcosa, finché, dopo aver cambiato ben tre franchising, nel 2016 mi sono associato a Re/max.

Avevo voglia di cambiare, di crescere professionalmente e di migliorare la qualità del mio tempo. Nel gennaio 2016, io e Serena iniziamo la nostra nuova avventura con un solo consulente nella nostra rete vendita. A settembre dello stesso anno, dopo aver ampliato l'organico portandolo a 10 persone, apriamo un ufficio di 180 metri quadrati insediandoci in una cittadina più grande,

Seregno.

Nel 2017, il viaggio in Portogallo mi cambia la vita. Ma, alla fine, del 2019, uno scontro di idee con un socio ci rimette nei guai. Era l'aprile del 2019 e mi sono ritrovato con 1.000 euro sul conto corrente, debiti da pagare, un matrimonio da celebrare e la sensazione che questa volta non ce l'avrei fatta. Ero sul punto di chiudere baracca. Ma la paura a volte gioca a favore.

Oggi, nel 2021, abbiamo tre centri di intermediazione immobiliare, per un totale di 1.400 metri quadrati, dove lavorano oltre 100 persone fantastiche che ogni giorno, con passione, sono impegnate a elevare i propri standard e le proprie ambizioni di crescita professionale.

La mia missione oggi è quella di aiutare le persone nel mondo dell'intermediazione immobiliare ad avere successo, aiutarle a crescere professionalmente, a essere felici, perché solo così posso esserlo anch'io.

In questo libro proverò a raccontarti come sono cresciuto

professionalmente e come ho costruito un'agenzia di 100 persone sperando che possa essere utile anche a te.

Capitolo 1:
Come strutturarsi a dipartimenti

Una delle più grandi sfide che le persone affrontano nella vita è capire la propria motivazione, sia nella sfera personale sia nella sfera lavorativa. La motivazione è il motivo per cui faccio qualcosa, il motivo è il traguardo, l'obiettivo per il successo che desideri e che determina le azioni che farai. Se non c'è motivo, non c'è azione.

Per capire la tua motivazione devi esaminare la parola successo: *il successo è la progressiva realizzazione di un traguardo o di un obiettivo significativo*. Quindi, se c'è assenza di obiettivi, c'è assenza di motivazione. Tutto ciò implica assenza di successo. E tu, vuoi avere successo?

Prima di tutto devi capire quali sono le ragioni che ti spingono a costruire un team di 100 persone. Le prime domande che mi sono posto sono state: Perché voglio fare questa cosa? Perché voglio crescere e avere successo? Il tuo atteggiamento mentale ti aiuterà a ottenere risultati migliori, sia che tu non abbia esperienza, e quindi stia pensando di avviare una nuova carriera, sia che tu sia un agente immobiliare che opera da qualche tempo, sia che tu sia un vero e proprio veterano.

Qual è il tuo mindset? Come ti approcci ai cambiamenti e alle novità? La domanda che mi sono fatto io, e che voglio fare a te, è: Vuoi essere un imprenditore o vuoi lavorare in modo autonomo? Sono due cose differenti e, se hai un'agenzia immobiliare o una Partita Iva, non è detto che tu sia un imprenditore. L'imprenditore è colui che possiede un'azienda che produce un prodotto o eroga servizi, e che la organizza per trarne profitto.

Per passare da 0 a 100 consulenti, devi innanzitutto pensare che farai l'imprenditore e non l'agente immobiliare. Oggi, se sei un agente immobiliare o se hai una tua agenzia, probabilmente non sei ancora un imprenditore bensì un professionista. Dove tutto dipende da te, sei tu la persona indispensabile per la tua agenzia, sei tu che fai le vendite e, se ti fermi tu, la produzione cala o addirittura si ferma.

Stai pensando che è proprio quello che succede, vero? La verità è che sei il miglior dipendente della tua agenzia, stai scambiando tempo per denaro. Probabilmente lavori tra le 8 e le 10 ore al giorno, non hai molto tempo libero e anche nel week-end hai da fare. Non trovi il tempo per una vacanza in più o per stare di più con i tuoi figli e la tua famiglia. E, se decidi di prendere degli spazi per te stesso, non produci.

Questa è una condizione che nel tempo ti peserà, magari lo sta già facendo. Se avessi un team di persone che ti permettesse di fatturare senza che tu debba rinunciare al tuo tempo, come ti sentiresti? Meglio, di sicuro. Hai la necessità di costruiti una squadra, di delegare e di strutturare la tua agenzia, devi passare da una mentalità da artigiano a una mentalità imprenditoriale.

Ma come strutturarsi e come iniziare questo cambiamento? Premetto che questo cambiamento non è un obbligo di legge, va benissimo anche avere un'agenzia dove ci sei solo tu, se questo è ciò che ti rende felice. Se invece vuoi crescere e continuare a farlo, qualche cambiamento lo devi fare.

Innanzitutto, come trovare la giusta motivazione anche dopo tanti anni sul campo? Io uso una frase che per me ha grande effetto: "Abbi lo stesso entusiasmo del primo giorno". Questa è una parte del mio atteggiamento mentale di oggi. Ogni volta penso a questa frase e me la ripeto.

Non sempre è facile, certi giorni i momenti critici sembra che non finiscano mai, a volte ci si concentra su obiettivi o azioni specifici che non portano risultati, nonostante gli sforzi. Ti è capitato, vero? Come hai reagito? A me in passato è capitato di essere sul punto di mollare, e scommetto anche a te.

Uno dei giusti atteggiamenti mentali deve essere quello del "mai mollare", perché la strada verso il successo, qualsiasi obiettivo tu ti ponga, passa attraverso una serie di piccoli e grandi fallimenti, ma la tua determinazione farà la differenza.

Per farti un esempio, prova a pensare a un neonato che, fino al primo anno di vita, gattona felicemente sul pavimento, si fa comodamente cambiare, si fa imboccare. L'istinto però, a un certo punto, gli impone di effettuare dei cambiamenti. Allora faticosamente inizia ad aggrapparsi a qualsiasi cosa, nel tentativo di alzarsi in piedi. Ora pensa: quante volte cadrà? Ovviamente moltissime, ma l'istinto lo obbligherà a riprovare, finché riuscirà ad alzarsi senza aiuto e senza attaccarsi a nulla, stando finalmente in piedi. E, nonostante si sia alzato, il suo obiettivo non è ancora completo, perché ora deve camminare. Cadrà di nuovo molte volte e, ogni volta che cadrà, fallirà. Ma non demorderà.

Lo stesso dobbiamo fare noi in quello che facciamo, credere sempre nel raggiungimento dell'obiettivo che ci siamo posti, consapevoli del fatto che passeremo attraverso il fallimento ma che, alla fine, il risultato sarà quello visualizzato nella nostra mente. Un atteggiamento vincente è quello di credere di poter fare tutto ciò che si desidera.

Ciò che dici dentro di te avrà un ruolo fondamentale verso il tuo obiettivo. Dire frasi potenzianti anziché depotenzianti fa tutta la differenza del mondo. Nel libro di Robert Kiyosaki, *Smetti di lavorare giovane e ricco*, che ti invito a leggere, l'autore scrive: «Le parole sono leva». Le parole sono uno strumento molto potente per la nostra testa e se le usi in modo positivo o negativo possono avere un impatto totalmente diverso per il tuo successo. Se userai parole di successo, nella tua mente probabilmente il tuo destino sarà di successo; al contrario, se userai parole che richiamano l'insuccesso, la mediocrità, probabilmente avrai risultati mediocri in quello che fai.

Parole come "non posso farlo" oppure "il mercato non è buono", non sono certo affermazioni che ti aiuteranno. Nel 2015, come ti accennavo prima, ero sull'orlo di una decisione drastica. Erano quasi 15 anni che svolgevo la professione di agente immobiliare, 12 da titolare del mio ufficio. Dopo aver passato, non senza difficoltà, la crisi tra il 2007 e il 2014, mi ero negativizzato. Avevo perso entusiasmo, gli affari non andavano bene come volevo, riuscivo sì a pagare le mie spese mensili, riuscivo a vivere, ma ero fermo al palo. Più passava il tempo e più le mie affermazioni, in quel caso depotenzianti, mi stavano allontanando dai miei obiettivi.

Ti è mai capitato di pensare «Cosa sto facendo?» Oppure «Questo lavoro non funziona più» Oppure ancora «Corro, corro, corro ma ho sempre lo stesso risultato»? Una mattina, seduto nel mio ufficio, riflettevo per trovare nuove convinzioni. Iniziai a pensare a tutto ciò che ritenevo impossibile fino al giorno prima, in fondo sognare era gratuito.

Non so dirti bene cosa scattò nella mia testa quel giorno, forse è stato il caso, forse la fortuna, ma a un tratto iniziai a cambiare i miei pensieri in modo potenziante. Ricordo di essere uscito in automobile, parlavo ad alta voce e dicevo frasi come: «Se gli altri ce l'hanno fatta, ce la farò anche io».

Erano anni ormai che cercavo di trovare il modo di crescere maggiormente, di creare una vera e propria impresa di intermediazione immobiliare, era un obiettivo giusto, perché dovevo abbandonarlo? Iniziai a ritrovare quelle affermazioni potenzianti che avevo un po' perduto. Mi ripetevo ancora: «Sono una persona in gamba che lavora con passione»; «Mi impegnerò al massimo, superando questa situazione, e creerò la mia azienda».

Le parole hanno un potere incredibile e attraverso queste possiamo creare la nostra realtà. Possono modificare situazioni in ogni ambito della vita. Inconsapevolmente, facciamo affermazioni che ci condizionano. Avere la consapevolezza di ciò che affermiamo può essere determinante. «È la ripetizione delle affermazioni che porta a credere e, quando credere diventa la convinzione profonda, le cose iniziano ad accadere» (Muhammad Ali).

Un aspetto che spesso è comune alle persone che hanno una crescita esponenziale è la passione che mettono in ciò che fanno. È famosa la frase di Confucio, filosofo cinese vissuto tra il VI e il V secolo prima di Cristo: «Scegli il lavoro che ami e non lavorerai neanche un giorno in tutta la tua vita».

Sicuramente capita anche a te di fare qualcosa che ti appassiona particolarmente, qualcosa che accorcia le giornate; mentre stai facendo ciò che ti appassiona non hai tempo per i problemi, cerchi soluzioni. Il tuo atteggiamento farà tutta la differenza del mondo e ti guiderà nelle scelte da effettuare in qualsiasi ambito della vita.

Certo, per affrontare tutto questo in modo positivo, devi capire la tua motivazione. Quali sono le ragioni per cui vuoi avere una carriera di successo? Per visualizzare ciò che diventerai, devi capire perché vuoi arrivare al successo. Nel mio caso, ad esempio, una delle ragioni che muove la mia motivazione è la prospettiva di avere più tempo di qualità da dedicare alla mia famiglia e a me stesso.

Un perché forte ti sprona a fare quelle cose difficili, che magari ti piacciono poco, ma necessarie per il viaggio che porta al tuo successo. Se la tua motivazione non è forte, allora sarà veramente difficile che tu possa realizzare ciò che vuoi.

Prova ora a identificare il tuo perché, la tua motivazione. Qual è il tuo scopo? Scrivilo ora.

____

____

____

____

____

Alcuni dei fattori che motivano maggiormente le persone sono il riconoscimento per ciò che fanno, la maggiore sicurezza economica per sé e per la propria famiglia e le maggiori entrate economiche per fare la vita che si desidera.

Per questi motivi, la nostra impostazione mentale è molto importante. Nel mondo siamo circondati da molti stati mentali negativi. Pensa per esempio alle notizie che leggi sui giornali o su Internet, o a quelle che si sentono alla radio e alla televisione: hanno quasi tutte una correlazione negativa. Questo accade perché il pensiero negativo è sempre più potente del pensiero positivo. Devi iniziare da ora a eliminare i pensieri negativi, smetti subito di ascoltare notizie negative, trasforma i tuoi pensieri in positivo.

Ti voglio fare un esempio. Cinque anni fa, come dicevo precedentemente, avevo la mia piccola agenzia dove lavoravo solo con mia sorella e un consulente immobiliare. Fino a quel momento reputavo che il massimo raggiungibile potesse essere aumentare il numero di consulenti fino a 3-4 al massimo. E in effetti era così. Ero quello che volevo essere. Ciò che non mi permetteva di crescere erano i miei pensieri limitanti, pensavo spesso che il massimo raggiungibile sarebbe potuto essere 2-3 consulenti in più, così da averne 4 con me e mia sorella. Insomma per 6 avrei messo la firma. Inoltre mi ripetevo che era impossibile raggiungere livelli più alti.

Tutto questo è durato fino a che non ho trasformato la parola impossibile in possibile. Ripensandoci, non ho acquisito immediatamente più competenze, ma solo più convinzioni. Oggi i consulenti sono 100! Certo, ho dovuto impegnarmi, formarmi, tenere duro nei momenti difficili, consapevole del fatto che ciò che desideravo era finalmente possibile.

Come puoi capire, avendo molti più consulenti è cambiato anche il numero di compravendite effettuate. Devi essere consapevole del fatto che devi avere il giusto atteggiamento per avere successo. Alcune domande a cui potresti rispondere sono: Seguo un piano? Sono organizzato nella mia attività? So quali sono le azioni da compiere per raggiungere i miei obiettivi? Oppure permetto che i pensieri negativi si presentino alla porta della mia mente?

Se i pensieri negativi si presentano, ciò che devi fare è eliminarli immediatamente. Ti starai chiedendo come e la risposta sta proprio nella domanda. Di solito le persone, appena si presenta un problema, una difficoltà in ciò che stanno facendo, cercano una scusa che possa loro togliere la responsabilità di ciò che sta accadendo; si lamentano in continuazione, danno la colpa al mercato, alla sfortuna, ad altre persone e ad altre cose. Sicuramente conoscerai una persona che abitualmente fa così, non è vero?

Invece di cadere nelle lamentele, di dare la colpa a qualcun altro o a qualcos'altro, quello che devi fare è porti una semplice domanda: Come posso fare per...? Questa domanda ti porterà a focalizzarti sulle soluzioni e non sul problema. Più ti focalizzi sulle soluzioni e più tutto sembra più semplice, oltre al fatto che ti abituerai ad avere pensieri positivi.

Nella vendita immobiliare ci sono dei giorni sensazionali e dei giorni meno buoni, ma focalizzarsi sui propri obiettivi e sulle soluzioni ti farà mantenere un atteggiamento mentale positivo, mantenendo forte la tua mente.

Ci saranno sempre situazioni durante la giornata che tenderanno a distrarti. Come puoi fare allora per avere un'impostazione mentale forte? Come si possono avere pensieri positivi per costruire un'azienda immobiliare? Focalizzati sul tuo scopo, segui il tuo piano e raggiungi i tuoi obiettivi.

Ora che il tuo atteggiamento mentale è straordinario, puoi iniziare a visualizzare il tuo centro di intermediazione immobiliare. Come lo vorresti? In che modo deve essere organizzato? Di cosa avrà bisogno la tua squadra? Quali sono gli strumenti e i sistemi operativi che puoi mettere loro a disposizione per far sì che il loro business possa crescere esponenzialmente?

Se decidi di costruire una grande agenzia per poter gestire le persone che lavoreranno con te, devi necessariamente essere estremamente organizzato. Ora, in questo libro ti parlerò di come costruire una squadra con oltre 90 persone e non entrerò nello specifico di quello che è l'organizzazione aziendale, ma comunque cercherò chi darti dei suggerimenti che possono aiutarti a impostare un sistema organizzato.

Un centro di intermediazione immobiliare deve essere organizzato in dipartimenti. Ma cosa sono i dipartimenti? Per poter mettere nella condizione gli agenti che lavorano con te di lavorare al meglio, devi dare loro tutto il supporto necessario affinché si possano concentrare solo sulle cose che creano profitto, e cioè acquisire immobili e venderli, costruire team e gestire clienti. Se tu fossi un agente, quali sarebbero le cose di cui avresti bisogno per poter lavorare al meglio senza che gli aspetti burocratici ti limitino in termini di performance e, soprattutto, in termini di tempo?

L'organizzazione che ho dato alla mia azienda è in parte abbastanza semplice, ma nonostante ciò riesce a mettere a disposizione del consulente tutti gli strumenti necessari per costruire la sua carriera senza pensieri. Pensa ora di avere questo tipo di organizzazione.

Dipartimento formazione

Persone all'interno dell'agenzia che formano costantemente consulenti con un programma di formazione comprovato. Avere un programma formativo e avere chi lo svolge all'interno della tua azienda può essere di fondamentale importanza per la tua crescita e per quella dei tuoi agenti.

Le persone che svolgono la formazione di solito sono i broker titolari e i migliori consulenti. Inoltre, avere una persona dello staff che coordina il dipartimento è di fondamentale importanza per la programmazione e per le comunicazioni da fare alla squadra.

Dipartimento procedure

Tutto ciò che è procedurale all'interno dell'azienda viene svolto da questo dipartimento, come per esempio l'archiviazione della documentazione, l'inserimento pubblicitario degli immobili, le gestioni delle cartelle clienti ecc.

Dipartimento marketing

Avere un supporto marketing è una delle cose più apprezzate dai consulenti immobiliari. Il marketing dovrà curare l'immagine personale della tua azienda e quella dei tuoi consulenti. Alcuni supporti possono essere organizzati in via digitale, potresti avere personale esterno che ti segue in questa cosa oppure, nel momento in cui sarai più solido dal punto di vista finanziario, potresti inserire nello staff un grafico e un digital manager.

Dipartimento legale / contrattuale

Quando avrai un team sufficientemente grande, avere persone che si occupano in modo professionale di contrattualistica sarà una benedizione per i tuoi agenti e permetterà a te di essere più tranquillo e più sicuro.

Dipartimento espansione e sviluppo

Questo dipartimento è quello legato alla crescita delle persone che lavorano con te. E qui che si individuano insieme agli agenti le strategie, i piani di lavoro, gli obiettivi. Serve a dare un supporto e una guida. Crea programmi di coaching personalizzati.

Dipartimento del credito

Devi iniziare a pensare di introdurre nel tuo staff un consulente finanziario che possa dare supporto diretto ai tuoi agenti. Averlo in agenzia è un vantaggio inestimabile, soprattutto in termini di tempo e di informazione immediata. Inoltre permette ai tuoi agenti di essere molto più organizzati nei confronti del cliente finale.

Dipartimento amministrativo

Sono le persone che fanno i conti, che pagano i fornitori, i tuoi agenti, e che percepiscono le commissioni da parte dei clienti.

Dipartimento reclutamento

Come potrai ben capire, questo dipartimento è quello da cui tutto deve partire, la storia si fa qui. Inizialmente la persona che si dovrà occupare di questo aspetto sarai tu, sei tu quello che costruirà una grande squadra. Nel tempo la tua crescita ti permetterà di inserire dei reclutatori a cui passare il testimone. Ricorda che il tuo obiettivo è pur sempre quello di costruire un'azienda che funzioni da sola.

RIEPILOGO DEL CAPITOLO 1:

- SEGRETO n. 1: assumi un atteggiamento mentale da imprenditore.
- SEGRETO n. 2: struttura l'agenzia in dipartimenti.
- SEGRETO n. 3: usa parole e pensieri potenzianti.

Capitolo 2:
Come trovare i giusti agenti immobiliari

Se pensiamo a come si sviluppa la carriera di un agente immobiliare potremmo riassumerla come segue. Di solito inizia a lavorare per un'agenzia, come funzionario, nella quale la maggior parte della commissione viene trattenuta dal titolare. Questo inizialmente va bene fino a che non inizia a produrre provvigioni, si accorge che sono troppo basse e quindi decide di aprire la sua agenzia immobiliare.

Qui iniziano i problemi. Innanzitutto deve fare un investimento iniziale, come per ogni attività, poi dovrà pensare a cosa serve per poter far funzionare la sua attività, come per esempio una segretaria, un abbonamento ai portali immobiliari, il pagamento dell'affitto dell'ufficio, l'acquisto o il leasing dei mobili, le utenze (luce, gas, telefono), le pulizie dell'ufficio, l'assicurazione, il software gestionale.

Tutte cose che andranno ad incidere sui costi fissi della sua attività. Inoltre dovrà pensare a tutta quella che è la gestione delle problematiche di un'agenzia immobiliare: la gestione del personale, la gestione e il mantenimento dei rapporti con il proprietario dell'ufficio dove si è in affitto, la gestione dei fornitori... tutte cose che, se ci pensi bene, tolgono spazio al lavoro di produzione di un agente immobiliare, che è quello di acquisire e vendere immobili oltre che costruire una squadra di collaboratori.

In questo modo diminuisce drasticamente il tempo impiegato in attività altamente produttive a favore di attività sicuramente necessarie ma che, purtroppo, non portano beneficio economico e privano il consulente, in questo caso, di una cosa importantissima e sulla quale torneremo a parlare nei capitoli successivi: il tempo.

Sicuramente starai pensando che questa cosa sta accadendo proprio a te, hai un'agenzia ma sei costantemente indaffarato a fare tutte quelle attività che non ti portano e non ti porteranno mai beneficio economico, come invece lo portano il vendere, acquisire case e creare una squadra di collaboratori a cui dovrai insegnare il lavoro e che possono aiutarti ad avere più tempo di qualità per te stesso.

Spesso la strada più semplice è quella di inserire persone giovani all'interno della tua agenzia in modo da poterli pagare poco con la speranza che ti possano aiutare nell'acquisire e nel vendere quegli immobili che tu, per le troppe cose da fare, fatichi a gestire.

Oppure sei un'agente alle prime armi e sai che difficilmente l'interesse della persona per cui stai lavorando sarà quello di farti crescere perché, se cresci tu, lui deve ricominciare da capo. Di fatto questo è il sistema tradizionale di un'agenzia immobiliare da 50 anni a questa parte e cioè un titolare di agenzia che acquisisce 1, 2, 3 funzionari all'interno della sua organizzazione, magari pagandoli con un con basse commissioni, senza consapevolezza del fatto che, alla fine, il destino delle sue scelte può sfociare in due situazioni principali.

La prima è che uno di questi consulenti o tutti questi consulenti non producano sufficiente guadagno per l'agenzia, con la conseguenza che tu devi licenziarli e trovarne altri rimettendoti di nuovo in prima persona a insegnare il lavoro a qualcuno che forse potrà diventare autonomo.

prima, scambi tempo per denaro. E allora per produrre di più devi lavorare di più e se lavori di più hai meno tempo libero.

Ora voglio farti una domanda: se potessi conoscere un sistema comprovato che ti permettesse di guadagnare di più ma allo stesso tempo di avere più tempo libero e di fare tutte quelle cose che oggi non riesci a fare, lo adotteresti? Sono sicuro di sì. E se potessi farlo senza necessariamente investire denaro, sarebbe meglio? Anche in questo caso sono sicuro di sì. In questo libro ti parlerò anche di come costruire un team, che io definisco Broker Imprenditore, che ti permetterà di costruire la tua impresa anche senza aprire la tua agenzia immobiliare.

Possiamo dire che costruire una squadra è il passo necessario per far sì che la tua azienda lavori per te. Ho deciso in questo libro di focalizzare l'attenzione sul reclutamento e sullo sviluppo di agenti. Come trovare, quindi, consulenti immobiliari? Il reclutamento è una delle attività principali su cui ti devi focalizzare per costruire il tuo team. Ogni titolare di agenzia o ogni agente immobiliare che vuole costruire un proprio attivo deve fare i conti con questa attività.

Prima di iniziare vorrei farti riflettere su queste domande: Quanto vale un nuovo consulente? Quanto vale un colloquio? Ogni volta che hai di fronte un nuovo candidato per un colloquio, prova a pensare quanto vale ciò che hai davanti. Quanto potrebbe portare questa persona nei prossimi 3 anni? E se dovessi reclutarne 20 ogni anno, quanto ti porterebbero? E se fossero 30 o 40? Prenditi qualche minuto per fare due conti e vedrai che il gioco vale la candela.

Dove trovare agenti immobiliari o aspiranti tali? Ci sono diverse fonti da cui attingere per costruire la tua squadra, io cercherò di elencarti quelle che mi hanno dato maggior risultato in questi ultimi due anni.

1. Sfera di influenza

La prima fonte, e forse la più facile, è quella di sentire tutte le persone che conosci a cui puoi chiedere un aiuto per fornirti i nominativi di persone che vogliono intraprendere una carriera nell'immobiliare o che vogliono cambiare l'agenzia in cui lavorano.

Crea un database di contatti della tua sfera di influenza partendo semplicemente dalla tua rubrica telefonica. Quando effettui questo tipo di chiamate, hai un vantaggio molto importante che è quello di avere probabilmente già da subito la fiducia della persona interpellata, quindi risulterà più facile avere informazioni.

Ricorda di non fare però una chiamata solo legata all'informazione, deve essere una chiamata di cortesia che si trasforma in un'opportunità. Ricorda di contattare queste persone in modo ciclico, io sento ognuno di esse una volta al mese.

Lo script che si può utilizzare è il seguente: «Buongiorno/Ciao, sono xxx dell'agenzia xxx, sto creando un nuovo team commerciale per l'ampliamento della mia rete vendita. Ho bisogno del tuo aiuto. Conosci persone che hanno voglia di una nuova sfida professionale? Mandami il contatto! È urgente! Grazie».

Oppure: «Buongiorno, sono xxx dell'agenzia xxx, sto creando un nuovo team commerciale per l'ampliamento della mia rete vendita. Ho bisogno del tuo aiuto. Conosci agenti immobiliari che potrebbero aver voglia di una nuova sfida professionale? Mandami il contatto! È urgente! Grazie».

Un dialogo molto semplice ma efficace spesso può essere usato anche attraverso un semplice Sms, a volte può risultare addirittura meno invasivo di una telefonata. Potresti anche fare una lista broadcast che ti farà risparmiare tempo.

Non sottovalutare questa fonte, le persone che fanno parte della tua sfera di influenza ti daranno più informazioni di quanto tu possa immaginare e magari troverai addirittura qualcuno che si candida direttamente.

2. La tua squadra

Le persone che già lavorano con te sono un'ottima fonte per ottenere il numero di telefono di persone che potrebbero fare al caso tuo. Ovviamente ricorda sempre che nulla è dovuto, quindi questa informazione deve essere in qualche modo premiata, altrimenti il rischio è che dopo i primi due nominativi non te ne arrivino altri.

Inoltre, il fatto che ti vengano segnalati dai tuoi consulenti ti garantisce molto probabilmente la serietà della persona segnalata. In fondo chi delle persone che già lavorano con te ti darebbe mai il nominativo di qualcuno poco affidabile?

Ricorda che sei tu a dover stimolare questa attività, non aspettarti che siano i tuoi consulenti a venire da te e a darti nominativi. Questa è una vera e propria attività che devi fare, cioè quella di chiedere alle persone che lavorano con te se in agenda hanno un nuovo consulente con cui magari hanno collaborato, oppure hanno conosciuto una persona intenzionata a cambiare la sua vita professionale.

Spesso capita che non ti vogliano dare il nominativo perché in quel momento stanno collaborando con l'agente che ti interessa e pensano che, nel caso tu lo chiamassi, potrebbe compromettere la loro trattativa. Cerca ovviamente di rassicurarli sul fatto che contatterai la persona segnalata solo dopo la conclusione della trattativa e che non sarà mai tua intenzione ostacolare il lavoro che il tuo consulente sta facendo.

Script con referenza di un tuo agente

«Buongiorno, sono xxx dell'azienda xxx. La chiamo per congratularmi con lei per la vendita degli immobili in via xxx.

1. Posso chiederle da quanto tempo lavora per il mercato immobiliare?
2. Ha sempre lavorato per questa agenzia / per questo franchising?
3. Cosa le ha fatto scegliere la società per cui lavora?
4. Se potessi mostrarle sistemi e strumenti comprovati che aumenterebbero significativamente il suo business e il suo guadagno, permettendole al contempo di avere più libertà e più tempo libero, sarebbe interessato a parlarne?
5. Preferisce che ci incontriamo domani alle 15 o giovedì alle 17?»

3. I social media

I social sono diventati uno strumento utilissimo per la diffusione di messaggi professionali. Con cifre bassissime o addirittura nulle è possibile con un buon utilizzo attrarre potenziali candidati. Si possono utilizzare sia campagne di marketing sia dei video.

La cosa importante è sempre chiedersi qual è il target che voglio portare nella mia agenzia. Devo pormi domande come: Cosa si stanno chiedendo? Di cosa hanno bisogno? Che tipo di opportunità cercano? Che guadagni si aspettano? Che crescita professionale vogliono avere?

Ecco a cosa prestare attenzione:

- Identifica il tuo target e i suoi bisogni.
- Identifica il social più adeguato per raggiungere il tuo target.
- Identifica quali sono i contenuti che possono essere interessanti per il tuo target in base ai suoi bisogni.
- Pianifica un calendario di pubblicazione dei contenuti in diversi format (video, articoli, testi, post, immagini, elenchi...) calcolando con quale frequenza pubblicare (ad esempio tre a settimana).
- Integra i contenuti pubblicati sulle pagine social con le *stories* e crea interazioni con il tuo pubblico (sondaggi, domande, adesivi...).
- Crea dei momenti di condivisione e networking con il tuo pubblico.
- Pianifica una serie di materiali che possono essere utili al tuo target da omaggiare per avere il loro contatto.

- Non dimenticare di inserire, alla fine di ogni comunicazione, una call to action in base a quello che vuoi che faccia il tuo pubblico.

4. La zona a freddo e la concorrenza

Segui i consulenti delle agenzie concorrenti. Dove? Ovunque. Ovviamente sto estremizzando, ma è molto importante che tu abbia contatti costanti con gli agenti immobiliari che lavorano nella tua stessa zona o nella tua stessa città. È importante per due motivi, il primo è che creare buone relazioni comunque ti permetterà di avere maggiori collaborazioni su eventuali affari che i tuoi consulenti si troveranno a fare, il secondo è che più entri in relazione con gli agenti che vorresti reclutare, più il rapporto di fiducia con loro si consoliderà e quindi sarà molto più facile attirarli all'interno del tuo centro di intermediazione immobiliare.

Ti faccio alcuni esempi. Primo esempio: frequenta i bar vicini alle agenzie immobiliari. Lì sicuramente gli agenti andranno a bare un caffè la mattina e il fatto che tu possa farti trovare lì ti permetterà di entrare in contatto con loro, di conoscerli, di avere il loro numero e di poterli contattare successivamente. Cerca di essere sempre discreto, non parlare mai del tuo progetto in modo specifico, dai solo cenni su quello che le persone che stanno lavorando con te stanno ottenendo. Questo lì incuriosirà e farà in modo che siano loro a chiederti quali sono le opportunità all'interno della tua azienda. Tutto quello che dovrai fare, a quel punto, sarà fissare con loro un appuntamento.

Secondo esempio: seguili sui social media. Chiedi l'amicizia su Facebook agli agenti immobiliari con cui ti interessa stare in contatto, seguili su Instagram, LinkedIn, Twitter, Club House ecc. Sicuramente alcuni di loro metteranno post su immobili appena messi in vendita o immobili appena venduti; quale migliore occasione per complimentarsi ed entrare in contatto con loro?

Cerca di evitare commenti banali, piuttosto cerca un confronto attraverso un messaggio, magari in privato, dove puoi chiedergli o chiederle come ha ottenuto quel risultato. Ricorda che per qualsiasi professionista sentirsi apprezzato da un suo pari crea stima reciproca.

Se dovessi fare una similitudine per questa attività, ti direi di pensare al corteggiamento. Devi avvicinarti piano piano a uno stato di confidenza tale da permetterti di fissare poi un appuntamento.

Esempio di script
«Ciao, volevo solo farti gli auguri per la decisione che hai preso di essere un agente immobiliare. Non è facile, io sono qui da anni e lo so. Come va il lavoro? [Se è da poco nel settore]. Ti piace?».

Attendi una risposta e, se pensi di aver raggiunto almeno un discreto livello di confidenza, potresti continuare con: «Vorrei incontrarmi con te la prossima settimana per conoscerti meglio, va bene?» Se risponde sì, allora l'appuntamento è fissato, se risponde no, la mia risposta tendenzialmente è: «Ok, ti chiamo».

5. I contatti professionali
Sicuramente tu – o qualcuno degli agenti che già lavorano con te – conosci professionisti che orbitano nel mondo dell'immobiliare: architetti, geometri, notai, commercialisti, home stager e tanti altri possono essere una fonte interminabile di nuovi contatti.

Mantenere buone relazioni con loro durature nel tempo ti eviterà l'imbarazzo di dover chiedere loro dei nominativi interessanti. Anche in questo caso, ovviamente, non puoi pretendere che i nominativi ti vengano dati senza che ci sia una sorta di riconoscimento. Qui puoi scegliere quale è per te la strategia migliore.

Potresti passare loro clienti per alcune pratiche, ad esempio, se pensi ai geometri, potresti metterli in contatto con quei clienti che hanno bisogno di un adeguamento urbanistico catastale per l'immobile, oppure potresti tranquillamente pagare la segnalazione. Al pari di quello dell'agente immobiliare, anche il lavoro di reclutamento ha alla base delle buone relazioni.

6. Fusioni e partnership

Uno dei metodi che ti permette di crescere più velocemente è creare partnership o fare fusioni. Probabilmente starai pensando che fare una fusione o una partnership ti porterà a suddividere i guadagni con il rischio di avere meno utili, vero? Beh, te lo dico per esperienza diretta, non c'è niente di meglio che unirsi a qualcuno che ha la tua stessa visione, la tua stessa determinazione e la tua stessa voglia di fare qualcosa di straordinario. Hai l'opportunità di dividere i compiti e di colmare le lacune utilizzando più punti di forza: 1+ 1 = 3. Non ho problemi di matematica, ovviamente, penso però che dall'unione di due imprenditori che hanno un comune obiettivo può sprigionare una forza lavorativa esplosiva.

7. Workshop, seminari ed eventi nella tua zona

Gli eventi sono una parte molto importante per la ricerca qualificata di prospect, e accelerano il processo di selezione. Possono strutturarsi in modalità simile a quella di un vero e proprio workshop, oppure attraverso la presentazione del modello di business della tua agenzia.

La scelta dipenderà molto dal target di candidati che vuoi sia presente all'evento. Il workshop ti consentirà di avere prevalentemente un pubblico "fuori settore", mentre un seminario dove esponi il tuo modello di business attirerà consulenti esperti.

Creare un contatto con agenti immobiliari che lavorano già sul mercato è molto importante perché ti dà l'opportunità di aggiungere alla tua rete nuovi contatti di clienti acquirenti e venditori, poiché l'agente immobiliare già esperto che verrà da te porterà con sé il suo database. Sia il workshop sia il seminario devono contenere informazioni che possano permettere ai candidati di avere un'idea generale di quella che è l'organizzazione interna aziendale e di come questa possa aiutarli nella loro carriera. In entrambi i casi non deve essere troppo elaborato né troppo lungo, basta un'ora per poter essere efficace.

Al termine del workshop, o del seminario, dovrai sempre dare l'opportunità di fissare un incontro privato per poter discutere nel dettaglio ciò che i partecipanti hanno visto.

Uno strumento che puoi utilizzare è una scheda di valutazione che i candidati compileranno al termine dell'evento. Questa scheda ti servirà sia per capire l'indice di gradimento, ed eventualmente per apportare modifiche per i successivi, sia per capire e sapere quali sono le persone che vogliono essere ricontattate per un colloquio privato.

La promozione di un evento di reclutamento può avvenire sia a livello web, attraverso social, landing page, funnel ecc., sia in modo attivo sfruttando il tuo database.

Script per seminario

«Buongiorno, sono xxx dell'azienda xxx, sto parlando con il signor xxx? Volevo chiederle:

1. È interessato a una carriera nell'immobiliare?
2. Da quanto tempo è nel settore immobiliare?
3. Attualmente dove lavora?
4. Da quanto tempo lavora lì?

Abbiamo organizzato un workshop/seminario gratuito sulla costruzione di una carriera nell'immobiliare per venerdì prossimo, alle ore 19:00. Il seminario sarà veramente informativo, forniremo tutti i dettagli alle sue domande riguardo a questa entusiasmante e remunerativa carriera. Le interessa partecipare? Dove le possiamo inviare l'invito? Sono molto ansioso di incontrarla e di confrontarmi con lei».

Ora volevo condividere con te il copione che uso per fissare un appuntamento con un agente esperto.

Script

«Buongiorno, sono xxx dell'azienda xxx, volevo chiederle se ha sentito del nostro programma di coaching sulle strategie di business. [Se tendenzialmente la risposta a questa domanda è "no", prosegui con] Conosce Pinco Pallino che lavora nel nostro ufficio? [la risposta "sì" o "no" è indifferente]. Quest'anno ha realizzato 50.000 euro in più solo da questo programma! Lei è interessato a guadagnare più soldi in minor tempo?»

L'obiezione che potrebbe sorgere da parte del candidato potrebbe essere: Sto bene dove sono / Non sono interessato a cambiare ufficio o a muovermi. In questo caso dovrai dare questa risposta: «Capisco perfettamente. Sono certo che se non fosse stato bene dove si trova e avesse voluto muoversi da lì lo avrebbe già fatto. Mi dica, però, se ci fosse un modo per portare il suo guadagno a un livello completamente nuovo, più alto, che non le richiedesse di lavorare più faticosamente e non le imponesse scelte emotivamente dolorose, sarebbe interessato a parlarne?»

Se rispondo di sì, chiudi l'appuntamento e fissa incontro, se risponde di no, oppure se obietta (ad esempio: «Cosa significa che dovrei lavorare più faticosamente?») potresti cercare di chiudere l'appuntamento utilizzando questa frase: «Io sono specializzato nell'aiutare gli agenti immobiliari a portare il loro guadagno a livelli nuovi, più alti e mi piacerebbe condividere con lei idee strategie e piani di lavoro che condivido con i miei consulenti e che li stanno aiutando a guadagnare di più. Nel caso peggiore lascerà il nostro incontro con alcune ottime idee che potrà applicare la sua attività! Nel caso in cui lei dovesse poi decidere di cambiare azienda, spero che ci prenderà in considerazione. Va bene oggi alle 14?»

Oppure prova con questa alternativa: «Buongiorno sono xxx dell'azienda xxx. Sto facendo un sondaggio, chiamando alcuni dei migliori agenti immobiliari, come lei, per avere il loro contributo e le loro opinioni su alcuni problemi. Posso farle un paio di domande veloci?»

Se risponde no: «Quando sarebbe il momento più conveniente?» Se risponde che non è interessato a cambiare agenzia: «Capisco perfettamente, non le sto chiedendo di cambiare agenzia, vorrei solo la sua opinione su alcuni problemi dell'immobiliare e sulle condizioni di mercato. Serviranno solo un paio di minuti, le va bene?»

Se risponde sì: «Quali sono i cambiamenti di cui è testimone nel mercato di oggi? Quali sono i cambiamenti che vede nelle aspettative e nell'atteggiamento dei suoi clienti? Cosa la preoccupa di più di questi cambiamenti? Qual è la più grande sfida che deve affrontare a causa dei cambiamenti che ci sono nel nostro ambito? Cosa sta facendo per reagire a questa sfida? Quale pensa che sia la più grande opportunità offerta dal mercato di oggi? Lei è in una posizione utile per trarre vantaggio dalle opportunità che si stanno presentando? Che cosa sta facendo l'agenzia per la quale lavora per aiutarla a trarre vantaggio dalle opportunità del mercato immobiliare di oggi? Secondo lei quale tipo di supporto l'azienda dovrebbe dare ai suoi agenti per aiutarli ad adattarsi ai cambiamenti e alle opportunità che il mercato ci sta riservando?

Quello che dobbiamo fare è incontrarci così che io possa mostrarle sistemi e strumenti comprovati che aumenterebbero in modo significativo il suo business e il suo guadagno, permettendole anche di avere più libertà e più tempo libero per fare tutte quelle cose che oggi magari non riesce a fare. Sarebbe fantastico vero? Preferisce che ci incontriamo oggi o domani, alle 15:00 o alle 17:00?»

Prima di cercare potenziali candidati attraverso le fonti che abbiamo appena visto, devi definire qual è il target di persone che vuoi inserire all'interno del tuo centro di intermediazione immobiliare. Come dicevo in precedenza, è importante che tu possa lavorare con persone con le quali avrai una visione comune, perché questo renderà più semplice il tuo lavoro e quello dei tuoi agenti. Sarà importante anche per l'integrazione del nuovo consulente all'interno della tua squadra.

Le persone che di solito cerco per la mia azienda sono tendenzialmente di 3 tipi:

1 Persone fuori settore con esperienza o attitudine commerciale, oppure agenti novelli con meno di un anno di esperienza.

2 Agenti esperti con più di 12 mesi di esperienza.

3 Agenzie immobiliari intere.

Definisci anche i valori che le persone devono avere, che si devono sposare con i tuoi per far sì che il vostro rapporto duri nel tempo. Per me ciò che necessariamente deve avere un candidato è:

1. ambizione;
2. onestà;

3. che ami il lavoro di squadra;
4. che abbia interesse nella formazione;
5. che abbia coscienza dell'importanza del ruolo.

Ti invito ora a fare un breve esercizio. Prova a scrivere cinque caratteristiche imprescindibili che una persona deve avere per poter lavorare con te e far parte della tua squadra.

1.____
2.____
3.____
4.____
5.____

Crea un database di reclutamento. Ora che hai esaminato tutte le fonti di reclutamento, crea per ognuna di esse un database. È fondamentale che tu possa avere sempre sotto controllo la lista dei potenziali candidati per poter pianificare un lavoro efficace di follow-up.

RIEPILOGO DEL CAPITOLO 2:

- SEGRETO n. 1: la tua azienda deve lavorare per te e non il contrario; la tua impostazione mentale deve passare da bottegaio a imprenditore.
- SEGRETO n. 2: non si cresce senza reclutare: costruisci una squadra.
- SEGRETO n. 3: utilizza tutte le fonti per scovare nuovi talenti.
- SEGRETO n. 4: usa gli script per aiutarti a essere efficace.
- SEGRETO n. 5: prequalifica sempre.

Capitolo 3:
Come gestire le obiezioni

Gli agenti immobiliari o potenziali tali che vuoi reclutare sono i tuoi clienti. Una delle fasi critiche del reclutamento è fissare il primo colloquio che possa spianarti da subito la strada per far sì che tutto fili per il verso giusto, e soprattutto per far sì che il tuo candidato voglia far parte della tua squadra, tenendo per te l'opportunità di scegliere, non il contrario.

Nel tempo mi sono reso conto di alcuni vantaggi che una strategia può dare. Preparare delle domande in modo accurato mi dà già l'idea, in funzione delle risposte che mi daranno, delle caratteristiche della persona che mi troverò davanti, come per esempio scoprire quali sono le competenze eventualmente mancanti oppure quello che in questo momento manca alla sua attività e quali sono le sue ambizioni, qual è la motivazione che lo spinge a migliorarsi, sia che abbia esperienza sia che ne sia privo.

Se dovesse avere esperienza, mi dà anche l'idea di quelli che possono essere i suoi attuali guadagni e obiettivi, mi fa capire di cosa ha bisogno per poterli implementare e mi aiuta a stabilire la sua motivazione. Tutto questo mi darà sicuramente migliore comprensione di quello che sarà il punto centrale da affrontare nell'incontro che farò con lui, permettendomi di gestire eventuali obiezioni e di trovare in anticipo le soluzioni che cambieranno in meglio la sua vita professionale. Tutto questo processo di prequalifica ci permette di selezionare il candidato.

Come fissare un colloquio con la prequalifica? La domanda che ti devi porre sempre è con chi vuoi lavorare. Dopo aver chiarito qual è il tuo target di riferimento, una prequalifica efficace può indirizzare la scelta nel giusto verso. La prequalifica dà una serie di informazioni che possono aprirti diversi scenari, come il voler rinunciare all'incontro se capisci che il prospect non è nel tuo target, oppure fare un passaggio ulteriore di prequalifica se non hai le necessarie informazioni.

Script per nuovi agenti

«Buongiorno, mi chiamo xxx e sono titolare della società/ufficio xxx.

1. Le interessa una carriera nell'immobiliare?
2. Ha l'abilitazione di agente immobiliare?
3. Dove lavora attualmente?
4. Che cosa fa? Qual è la sua mansione?
5. Da quanto tempo ci lavora?
6. Mi parla della sua esperienza?
7. Come mai le interessa una carriera nell'immobiliare?
8. Ha intenzione di lavorare a tempo pieno in questo settore?
9. Se fosse selezionato, quando potrebbe iniziare?
10. Ha già in mente una società per cui le piacerebbe lavorare?
11. Se sì, di quale si tratta?
12. Perché ha pensato a loro?
13. È d'accordo con me che un programma di formazione adeguato è di importanza critica per la sua carriera?
14. Se potessi mostrarle come il nostro comprovato sistema di formazione/coaching può assicurare il successo nella vendita e farle avere una partenza veloce, sarebbe disposto di incontrarmi per valutarlo?
15. Preferisce che ci incontriamo domani alle 15:00 o giovedì alle 17:00?»

Nel caso in cui volessi invitare il candidato a un seminario sulla carriera, potresti aggiungere altre domande. Ad esempio, alla fine della domanda 14, potresti aggiungere:

15. «Abbiamo organizzato un seminario gratuito sulla costruzione della carriera per martedì prossimo alle ore 18.00. Il seminario sarà veramente informativo e forniremo le risposte a tutte le sue domande riguardo a questa entusiasmante e remunerativa carriera.
16. Sarebbe interessato a partecipare?
17. Dove posso inviarle l'invito?
18. Non vedo l'ora di incontrarla e di parlare con lei!»

Script per agenti esperti

«Buongiorno signor xxx, sono xxx, broker titolare dell'agenzia xxx. Non vedo l'ora di incontrarci il giorno xxx alle ore xxx. Posso farle un paio di domande in modo da essere preparato per il nostro incontro?

1. Da quanto tempo è attivo nell'immobiliare?
2. Qual è il suo obiettivo per quest'anno?
3. E' sulla strada giusta per raggiungerlo? Se sì, può dirmi come? Se no, può dirmi perché?

4. Quale ritiene che sia oggi la sfida più grande nel suo lavoro?
5. Come sta affrontando questa sfida?
6. Come la sta aiutando il suo attuale datore di lavoro in questa sfida?
7. Se andiamo avanti di 2 anni, qual è il livello di produzione che le piacerebbe ottenere?
8. Cosa le sta impedendo di farlo già adesso?
9. Questo è esattamente quello di cui parleremo durante il nostro meeting del giorno xxx alle ore xxx».

Tutte queste domande ti permetteranno di evitare perdite di tempo. Ad esempio, già alla domanda 1 il potenziale candidato ti risponderà in modo deciso oppure in modo titubante sull'interesse o meno nell'affrontare una carriera nell'immobiliare. Ovviamente se percepisci che non è realmente interessato a impegnarsi come agente non fisserai l'appuntamento.

Anche la tempistica sulla disponibilità a iniziare è molto importante, perché ti dà modo di pianificare un eventuale ingresso. La domanda sulla formazione ti permetterà, invece, di capire se chi hai davanti rientra nel tuo target di ricerca, se quella è una delle caratteristiche che hai selezionato (ti ricordi che prima abbiamo evidenziato il fatto che una persona, per poter far parte della tua organizzazione, deve avere degli standard che tu hai prefissato?).

Presentazione

La presentazione è il momento centrale nel processo di reclutamento, lì si decide se il candidato entrerà a far parte della tua squadra permettendoti di aumentare i tuoi guadagni e far crescere la tua azienda. Per questo motivo, devi prepararti come un atleta che si prepara a una gara, come un musicista prima di un concerto prepara lo spartito, tu devi prepararti e curare i minimi dettagli a partire dall'accoglienza che riserverai al tuo futuro agente immobiliare.

Non farlo mai stare troppo in attesa, farsi desiderare non è una carta che ti permetterà di partire col piede giusto. Piuttosto educa la tua assistente di ufficio ad accoglierlo, a fargli visitare l'ufficio, a offrirgli/le un caffè, nel caso tu fossi impegnato in quel momento

Quali altri elementi possono favorire il reclutamento? Innanzi tutto la grandezza dell'ufficio. A volte le dimensioni contano e avere un ufficio di grandi dimensioni infonde in un candidato sicurezza sull'organizzazione che puoi mettere a sua disposizione, e suscita in lui una forte motivazione a unirsi alla tua azienda. Apparirai ai suoi occhi come una persona di successo. Se non disponi di un ufficio di grandi dimensioni, fai in modo di organizzarlo bene, di tenerlo in ordine, pulito e facendo in modo che ci siano diverse postazioni di lavoro. Anche se non hai ancora agenti che lavorano con te, vedere un ufficio con molte postazioni darà l'idea di un grande progetto. E le persone motivate cercano grandi progetti.

La bellezza, ma soprattutto l'ordine, dell'ufficio sono elementi di cui non puoi prescindere, tutto deve essere perfetto, dalla reception al tuo ufficio privato, alla sala dove accoglierai il prospect per il colloquio, alle postazioni di lavoro, allo spazio o la sala dove terrai corsi di formazione. Presentati sempre in modo professionale (anche nell'abbigliamento) e, come te, le persone che lavorano con te, come l'assistente d'ufficio e i consulenti. So che sembra scontato, ma non tutti danno importanza a questo particolare.

Tieni sempre con una brochure aziendale che contenga la tua

Vision, il progetto di crescita della tua azienda e dei consulenti che ne fanno parte e i servizi che la tua organizzazione potrà mettere a disposizione dal nuovo consulente. Deve essere semplice e nello stesso tempo chiara, per poter essere visualizzata e capita facilmente. Aiuterà sia te nella presentazione sia lui nella comprensione del tuo sistema di lavoro.

L'obiettivo della tua presentazione è quello di comprendere meglio il prospect, capire se potenzialmente può essere valido per la tua squadra e se è compatibile con il profilo desiderato e quindi se è opportuno reclutarlo.

Durante il colloquio, presta particolare attenzione all'ascolto, sii sempre cordiale, evita lo scontro, usa domande aperte e non parlare mai male di un concorrente. La presentazione deve essere pianificata, non eccedere nell'esaltare la tua organizzazione, l'ego in questo caso non ti aiuterà.

Ora prova a pensare: qual è il valore della tua proposta lavorativa? Quali sono i tuoi punti di forza oggettivi e, se messi a disposizione di un agente, come possono aiutarlo a essere performante? Vorrei che tu facessi un esercizio: prova a scrivere una lista di 5 benefit aziendali che il tuo centro di intermediazione immobiliare ha e dai un valore a ognuno di essi

1. ____
2. ____
3. ____
4. ____
5. ____

Ora che hai pensato a 5 benefit che la tua azienda può mettere a disposizione di un nuovo agente e che hai dato loro un valore, sai qual è il valore della tua proposta. Ci potrebbero essere benefit che, se usati, aumentano la produzione, altri che potrebbero non incidere sulla produzione ma sul tempo, che il consulente potrebbe impiegare come meglio crede – ad esempio per una passione oppure per fare qualsiasi cosa lo renda felice – e altri ancora che potrebbero snellire il suo lavoro o che lo faranno sentire a proprio agio, come ad esempio un ambiente sano e con spirito di squadra.

Anche durante la presentazione, usare un copione può agevolarti.

Dopo aver fatto la prequalifica, e quindi dopo aver capito quali sono le esigenze del prospect, ripercorri un po' le risposte che ha dato alle domande di prequalifica e conferma quello che ti aveva detto durante la vostra telefonata.

Ecco un esempio: «Grazie per essere venuto, non vedevo l'ora di incontrarla. Vorrei esprimerle il mio obiettivo di oggi e capire se le nostre strade possono unirsi. Il mio obiettivo sarà quello di darle le informazioni che possono servirle per prendere la migliore decisione possibile per lei. E, se lo sarà, potremmo prendere insieme la decisione di firmare il contratto. Innanzitutto vorrei dare conferma a quello che ci siamo detti telefonicamente».

In questa fase ripercorri parte delle domande che hai fatto al prospect durante la prequalifica, come per esempio: «Mi ha detto che farà questo lavoro a tempo pieno, giusto? Mi ha detto che la sua esperienza di vendita è stata xxx? Mi ha anche detto che un programma di formazione adeguato è fondamentale per la sua carriera, giusto?»

Da qui in avanti devi cercare di approfondire il più possibile quali sono le cose importanti per il prospect, quelle che lo porteranno a decidere di entrare e che ti permetteranno di stabilire quali benefit presentare.

Alcuni esempi di domande:

1. Perché vuole far parte della nostra azienda?
2. Attualmente quanto guadagna?
3. Quanto le piacerebbe guadagnare?
4. Perché per lei è importante avere successo come agente immobiliare?
5. Oltre alla sua carriera, cos'è importante per lei?
6. Quanto ritiene che sarà l'impegno necessario per raggiungere i suoi obiettivi di guadagno?
7. Quali ostacoli si aspetta e come pensa di affrontarli?
8. È disposto a fare ricerca con i suoi amici e conoscenti?
9. Ha esperienza con copioni e dialoghi?
10. Come pensa di poter contribuire ai risultati del nostro ufficio?
11. Cosa farebbe per entrare a far parte del team?
12. Quali sono le cose che la fanno sentire realizzata?

Se invece il prospect è un agente immobiliare esperto: «Grazie per essere venuto oggi e grazie per avere inserito questo impegno nella sua agenda. Non vedo l'ora di parlare con lei e di conoscerla meglio per scoprire se possiamo lavorare insieme. La prego di sentirsi libero di pormi qualsiasi domanda le venga in mente e spero di poter fare altrettanto, siamo d'accordo?»

Domande:

1. Da quanto tempo è nel settore immobiliare?
2. Quali ritiene che siano le sfide più grandi del mercato immobiliare di oggi?
3. Come le sta affrontando?
4. Come la sta aiutando il suo attuale titolare nell'affrontare queste sfide? (In questa domanda chi parla per primo perde! Devi assolutamente attendere la sua risposta).
5. Cosa le piace di più dell'ufficio dove sta lavorando attualmente?
6. Sta facendo altri colloqui? Con chi?
7. Che tipo di supporti sono importanti per lei?
8. Quante transazioni ha generato lo scorso anno?
9. Quanto ha guadagnato? Che tipo di piano remunerativo ha?
10. Che tipo di assistenza di marketing ha tuttora?

11. Quanto è importante per lei il marketing?
12. Quante persone ha tra i suoi clienti passati e centri di influenza?
13. Quali sono i suoi obiettivi per quest'anno?
14. Qual è il suo piano per raggiungere questi obiettivi?

Ora che hai ben chiara la sua situazione, presenta solo ai benefit che i prospect hanno detto di volere, e fallo in 5 fasi:

1. Descrivi il benefit usando due o tre frasi brevi: «La mia azienda fornisce coaching ai suoi agenti». Oppure: «La mia azienda fa formazione settimanale ai suoi agenti».
2. «Noi incontriamo i nostri agenti settimanalmente e li aiutiamo a sviluppare e a mettere in atto la strategia per far conoscere il loro business».
3. Usa un testimonial per vendere il benefit:
   a. nome dell'agente che utilizza il benefit;
   b. numero delle transazioni che l'agente immobiliare ha chiuso grazie al benefit;
   c. evidenzia il reddito lordo guadagnato utilizzando il benefit;
   d. chiarisci da quanto tempo sta usufruendo del benefit.

Usare un testimonial è una strategia molto potente perché mette il candidato nella condizione di poter visualizzare quella che sarà la sua situazione a distanza di tempo. Inoltre, il fatto che qualcuno abbia già raggiunto dei risultati grazie al tuo benefit dà credibilità a te e alla tua azienda e a lui il coraggio necessario per poter prendere una decisione positiva nei tuoi confronti. Per esempio: «Conosce Mario Rossi? Lui in questo periodo sta ottenendo risultati». E poi puoi fare una domanda chiusa: «Vede il valore nel presente benefit?»

4. «Lei come userebbe questo benefit?»
5. A questo punto puoi quantificare le transazioni in più che potrebbe fare il prospect utilizzando quel benefit e potrai chiedergli: «Grazie al benefit, quante transazioni in più pensa di poter fare nei prossimi 10/ 12 mesi?». Sarà lui a darti la risposta. «Qual è la sua transazione media? Se verrà a lavorare con noi e userà il nostro benefit guadagnerà xxx euro in più! C'è qualcosa che le impedirebbe di trarre vantaggio dal nostro benefit? Bene ora tutto quello che dobbiamo fare è firmare il contratto in modo tale che noi possiamo darle quello che vuole!»

Se riesci a chiudere qui il reclutamento è andato buon fine. Oppure, dopo aver descritto i benefit, puoi dire: «Lei mi ha detto che vorrebbe portare il suo fatturato da x a y. Pensa di riuscirci lavorando presso agenzia l'attuale? Ha detto che riuscirebbe a fare più transazioni presso la nostra azienda senza necessariamente dover lavorare di più, lo conferma? Fare 10 transazioni in più quest'anno le farebbe incassare xxx euro in più! Non può permettersi di non entrare nel nostro team. Ci sta già rimettendo dei soldi. È d'accordo?»

Se riesci, chiudi il contratto, diversamente prosegui. «Sarà anche d'accordo con me nel dire che non solo guadagnerà di più e aumenterà il suo business, ma avrà anche più tempo libero e migliorerà la qualità della sua vita. Sarà fantastico vero? Le piacerebbe vedere dove sarà la sua postazione di lavoro?»

Chiudi! Altrimenti vai avanti: «Cosa le impedirebbe di trarre vantaggio dal nostro benefit? Tutto quello che dobbiamo fare è firmare il contratto, così che noi possiamo darle quello che lei vuole. Firmi il contratto».

Follow up

Ricorda che un "no" oggi può essere un "sì" domani. Il follow-up è il cuore del reclutamento e deve essere fatto in modo continuativo. Hai organizzato il tuo follow-up? Funziona? Lo guardi ogni giorno? Hai all'interno dell'agenda un blocco di tempo da dedicare a questa attività?

Devi essere un fanatico del follow-up per poter passare da 1 a 80 consulenti in 3 anni. Spesso i prospect, soprattutto se sono già del settore, prendono una decisione al secondo o al terzo incontro, oppure addirittura dopo qualche mese. Uno dei miei migliori consulenti ha avuto bisogno di un anno di tempo prima di convincersi che la nostra azienda poteva essere una grande opportunità per lui.

A seconda dello stile di personalità del prospect, la sua decisione può essere in alcuni casi veloce e in altri un po' più lenta. Per questo un follow-up costante ti consente di essere per lui la persona giusta al momento giusto. Ci sono consulenti che stanno bene dove si trovano, che sono in una condizione tale per cui è difficile che si possano staccare dall'agenzia dove stanno lavorando.

Capita sempre, però, che ci siano dei momenti nella vita professionale di ognuno di noi in cui il livello emotivo è basso. I motivi possono essere, ad esempio, una discussione avuta con il titolare, oppure un momento non troppo positivo dell'attività, oppure ancora la mancanza di eventuali stimoli. Con un follow-up costante, sentire un consulente in questa fase ci mette in una condizione di grande vantaggio.

Voglio elencare una serie di attività finalizzate a far sì che il prospect voglia far parte della tua squadra. quindi una buona attività di follow-up deve assolutamente essere strutturata e consapevole.

Database: ricorda sempre di aggiornarlo. Lettere: se non vuoi utilizzare costantemente il telefono, puoi mandare ai tuoi prospect delle lettere o delle email. Prima di ogni telefonata di follow up, dobbiamo avere un atteggiamento positivo, dobbiamo avere grande energia e grande entusiasmo.

Quando chiami un agente immobiliare devi fargli percepire il tuo interesse nei suoi confronti. Ad esempio, iniziare una telefonata con la frase «Stavo giusto pensando a te, come sta andando la tua attività rispetto all'ultima volta?» Oppure, ancora, far capire che abbiamo prestato attenzione a ciò che ci aveva detto negli incontri precedenti: «Stavo riguardando gli appunti che avevo preso durante il nostro incontro, insieme avevamo riscontrato che, se avessi utilizzato le strategie descritte, avresti potuto guadagnare 30.000 euro in più».

In questa fase possiamo rimandare a un confronto tra quello che avrebbe potuto fare insieme a noi è quello che sta facendo ora. Usa sempre i testimonial: «Conosci Mario Rossi? In questo periodo, utilizzando le strategie di cui abbiamo parlato, sta ottenendo risultati incredibili. La prossima settimana avrò un incontro con i miei agenti, mi piacerebbe che tu facessi parte della nostra riunione».

In chiusura: «Ricordo che hai detto che per te era molto importante guadagnare abbastanza soldi per raggiungere i tuoi obiettivi, tutto questo è ancora importante per te? Ti andrebbe di incontrarsi nuovamente?»

Questi sono esempi su come affrontare una telefonata di follow-up, ma oltre all'opzione telefonica ci possono essere alcune attività che possono essere alternate, come per esempio l'invio di newsletter, cartoline, messaggi WhatsApp, inviti a eventi di agenzia, inviti a riunioni con i consulenti che già fanno parte del team.

Database

Per fare una buona attività di follow-up, è necessario tenere traccia delle attività di reclutamento. Lo puoi fare attraverso una lista di contatti che quotidianamente utilizzi per garantirti il raggiungimento dei tuoi obiettivi e per consentirti di avere un monitoraggio giornaliero. Per poter avere successo nel reclutamento, non arrenderti mai nel follow-up, ricorda che la parola d'ordine in questo caso è perseveranza.

Ovviamente capiterà molto spesso che il prospect ti dica di non volere tornare, ma tu insisti finché non lo fa. Sai perché? Ci saranno sicuramente dei momenti durante la sua attività in cui la sua motivazione nel rimanere nel posto di lavoro dove si trova si abbasserà, oppure ci saranno dei cambiamenti nella sua attuale azienda, come per esempio un nuovo titolare, un nuovo management direttivo, delle nuove persone di staff, nuove politiche aziendali, nuove royalty, cambiamento della percentuale provvigionale, magari la rimozione di alcuni servizi, rumors e molto altro. In questi momenti ti devi fare trovare pronto a cogliere l'occasione che porterà il prospect direttamente all'interno della tua azienda.

RIEPILOGO DEL CAPITOLO 3:

- SEGRETO n. 1: fai le giuste domande.
- SEGRETO n. 2: crea una presentazione memorabile.
- SEGRETO n. 3: non accettare compromessi.
- SEGRETO n. 4: fai un follow-up costante.
- SEGRETO n. 5: vendi i benefit in 5 fasi.

Capitolo 4:
Come creare un piano di crescita

Finora in questo libro abbiamo parlato di come si può incrementare il numero dei propri consulenti da 1 a 80 in meno di 3 anni attraverso alcune azioni di reclutamento. Uno dei motivi per cui un consulente immobiliare o un consulente fuori settore entra a far parte dell'agenzia immobiliare è anche e soprattutto per il progetto che l'azienda mette a disposizione del prospect per la sua crescita professionale.

Personalmente, durante i colloqui condivido sempre con i prospect la mia visione aziendale, che voglio condividere anche con te: vogliamo costruire un'azienda che funzioni da sola e non dipenda da una persona in particolare e questo lo vogliamo anche per le persone che lavorano con noi.

Noi vogliamo crescere aiutando gli altri a crescere. Noi vogliamo guadagnare aiutando anche gli altri a guadagnare. Noi vogliamo avere successo aiutando anche gli altri ad avere successo. Noi vogliamo essere felici aiutando anche gli altri a essere felici. La condivisione di una visione è importantissima perché rende esplicito ciò che vogliamo fare con le persone che lavorano con noi e dà modo di decidere se il candidato è in linea con quello che vogliamo.

Sono sicuro che la domanda che ti starai ponendo è: «Come faccio una volta che ho reclutato così tante persone a far sì che possano essere anche produttive?» È la stessa domanda che mi sono fatto più e più volte anche io, in passato, dopo aver fallito più e più volte reclutando e poi perdendo persone dopo pochi mesi.

Ed è proprio per questo che, per potermi semplificare la vita, ho adottato un programma specifico, nel mio caso di 12 settimane, che mi aiuta a far sì che i miei nuovi consulenti immobiliari possano allinearsi da subito alla Vision aziendale, possano velocizzare il loro processo di integrazione e possano entrare il più velocemente possibile in produzione, perché è questo che per loro è importante, e lo è anche per un titolare di agenzia.

Integrazione

Il mio top producer program è diverso dagli altri programmi di formazione per una ragione molto semplice: la maggior parte dei programmi formativi contiene spesso molte informazioni, ovvero, ascolti cosa ti viene spiegato e applichi quello che hai ascoltato durante le lezioni.

Il problema di questo tipo di informazioni è che, una volta ascoltate, poi trovano difficile applicazione sul campo e questo porta i consulenti a non essere produttivi e quindi a vanificare tutti gli sforzi che hai fatto per farli entrare nella tua squadra.

Nel programma che io utilizzo questo non succede poiché, se le funzioni che ti vengono assegnate vengono portate a termine, avrai successo perché questo programma è stato pensato come il piano di sviluppo di un business, quello del consulente!

Creare un programma adeguato in cui pianifichi ogni modulo e nel quale sono distribuite attività specifiche di sviluppo e di supporto al business del tuo consulente immobiliare è fondamentale. Deve contenere tutte le funzioni che un consulente deve fare per poter diventare un agente produttivo sin da subito. Attraverso questo sistema di lavoro si fa di più e meglio

Uno studio recente sull'apprendimento degli adulti dimostra che, per imparare una tecnica, è necessario ripetere l'azione pratica e avere tempo per acquisire coscienza della propria evoluzione tra la prima e l'ultima azione pratica. Non sarai mai capace di suonare uno spartito di Beethoven facendo una maratona di lezioni di piano con una formazione di appena 2 settimane, non credi? Pertanto un programma di integrazione efficace ti aiuterà sicuramente a mantenere la squadra che hai creato.

Ogni consulente ha, per 12 settimane, un piano lavorativo specifico e calendarizzato concordato e discusso con me. Se porterà a termine tutte le attività nel limite di tempo previsto, ogni consulente potrà ottenere risultati più rapidi all'inizio della sua carriera. Sarà già pratico di qualificazioni/presentazioni di clienti e sarà in grado di affrontare tutti i tipi di situazioni di ricerca e vendita. Inoltre, sarà molto più fiducioso e competente degli agenti che seguono corsi formativi passivi.

Al termine delle 12 settimane, avrà raggiunto gli obiettivi preposti in termini di contatti e presentazioni e avrà qualificato molti clienti. Se non vende per lo meno un certo numero di immobili e non raccoglie almeno un certo numero di incarichi, durante le dodici settimane, è perché lo farà a breve, come frutto dell'attività svolta che avrà portato a termine.

Lui e il suo lavoro saranno gli ingredienti essenziali per assicurare il successo a lungo termine. Alla fine delle dodici settimane, se avrà completato il programma con successo, potrai motivarlo con un premio per l'impegno e per i risultati ottenuti.

Qui di seguito ti evidenzio il programma della prima settimana successiva alle prime due di formazione iniziale

PROGRAMMA TOP PRODUCER
EXPOGROUP

3ª SETTIMANA

1. Firmare il contratto con l'Agenzia e chiedere accesso alla RE/MAX Italia.
2. Essere presenti nelle attività Formative dell'agenzia tutti i martedì e i giovedì.
3. Lettura del Manuale di procedimento e codice etico della RE/MAX Italia
4. Conoscere le Agenzie e lo Staff di ExpoGroup della sua zona.
5. Conoscere orari, regole di funzionamento delle Agenzie
6. Definizione degli obiettivi e pianificazione
7. Definizione del Mercato Target
8. Raccolta dati della zona di Posizionamento
9. Creare una lista capitale sociale (minimo 100)
10. MaxiMizer
11. Creazione data base
12. Creare un kit del consulente immobiliare

PIANO
SETTIMANALE

ORDINE DEL GIORNO

Tempo	lunedì	martedì	mercoledì	giovedì	venerdì	sabato	domenica
07H00 - 07H30							
07H30 - 08H00							
08H00 - 08H30							
08H30 - 09H00							
09H00 - 09H30							
09H30 - 10H00							
10H00 - 10H30							
10H30 - 11H00							
11H00 - 11H30							
11H30 - 12H00							
12H00 - 12H30							
12H30 - 13H00							
13H00- 13H30							
13H30 - 14H00							
14H00 - 14H30							
14H30 - 15H00							
15H00 - 15H30							
15H30 - 16H00							
16H00 - 16H30							
16H30 - 17H00							
17H00 - 17H30							
17H30 - 18H00							
18H00 - 18H30							
18H30 - 19H00							
19H00 - 19H30							
19H30 - 20H00							
20H00 - 20H30							
20H30 - 21H00							
21H00 - 21H30							
21H30 - 22H00							

Affiancamento

Ovviamente, una parte di questo programma è destinata all'affiancamento che dovrai fare al nuovo consulente. Per poter gestire bene questa situazione, è fondamentale che tu possa condividere con i tuoi nuovi consulenti un'agenda che ti permetta di pianificare a priori con loro dei blocchi di tempo nei quali ti dedicherai completamente a loro.

Formazione

Anche la formazione deve essere pianificata e deve essere

costante nelle 12 settimane. Le sessioni formative in questa fase riguardano aspetti prettamente pratici che possono dare modo al consulente di rendersi il più indipendente possibile nel minor tempo possibile.

Come creare quindi sessioni di formazione utili? Per rispondere a questa domanda, ti devi chiedere: Di cosa ha bisogno questo consulente in questo momento? Potrebbe essere un consulente alle prime armi e quindi avrà un certo tipo di necessità. Oppure potrebbe essere un consulente esperto, e quindi avrà necessità differenti. Devi fare un programma *ad hoc* per ogni persona.

Io di solito questo tipo di sessioni le inserisco per almeno 3 ore la settimana. Ad esempio, per i consulenti nuovi di questo settore, o comunque poco esperti, le sessioni formative che tendenzialmente inserisco con maggiore frequenza sono legate alle chiamate di acquisizione, a come reperire contatti e alla gestione delle obiezioni. Per un consulente esperto, invece, le sessioni spesso sono relative alla presentazione del servizio, affinché che sia in linea con l'azienda, all'implementazione dei processi aziendali e così via.

Piani provvigionali

Un piano incentivante è fondamentale per la tua azienda e per i tuoi collaboratori. Una volta prospettato un piano di crescita per i tuoi collaboratori, l'incentivazione e le prospettive economiche sono fondamentali per aumentare la produttività per la tua azienda e per coinvolgere i singoli.

«Per espandere un territorio, dividi il bottino» (Sun Tzu, *L'arte della guerra*).

«Se vuoi impossessarti dei beni del nemico, occorre ricompensare gli uomini con una parte del bottino catturato, così che siano invogliati a battersi per fare preda. Per questo è detto che, là dove ci sono grandi ricompense, ci sono uomini valorosi» (Zhang You).

Le persone che crescono e si arricchiscono più in fretta hanno come caratteristica un modo di agire orientato a investire e a incentivare chi sta loro attorno e a dividere la ricchezza. Il mio amico e socio Luis Fernandes sostiene che aiutare gli altri a ottenere risultati con alti guadagni contribuisce in modo esponenziale ad aumentare i guadagni dell'azienda. Ovviamente, prima di stabilire un piano provvigionale, devi conoscere esattamente quali sono i margini della tua azienda per evitare di incentivare alla cieca.

L'incentivo, inoltre, deve sempre essere posto in funzione di obiettivi o risultati ottenuti. Non preoccuparti se le persone che lavorano con te guadagneranno tanto, anzi, proprio perché hai stabilito degli ottimi incentivi, saranno motivate a lavorare duramente e a produrre sempre di più. In questo modo tu guadagnerai, insieme a loro, di più.

Devi sempre trovare un sistema che permetta di avere la formula del win-win. Fai solo attenzione a non utilizzare un piano provvigionale incentivante come un'arma per poter attrarre consulenti, altrimenti rischi di avere persone che si accontentano ma che non hanno un obiettivo comune che le spinga a dare di più.

Questo sistema viene adottato con tutti i consulenti che entrano a far parte della mia organizzazione, sia quelli esperti sia quelli non esperti. Una volta terminato il programma di integrazione, i tuoi consulenti immobiliari inizieranno la loro carriera ma, a un certo punto, per poterli mantenere nel tempo, avrai bisogno di un ulteriore step che possa permettere loro una crescita professionale definitiva e per loro stessi.

Quante volte ti è successo di formare una persona, di renderla produttiva, di renderla indipendente e poi questa, a un certo punto, stringendoti la mano, ti ha comunicato la volontà di aprire una sua agenzia lasciandoti solo? E questa cosa come ti ha fatto sentire? Sicuramente non bene. Prova ora a pensare se invece avessi l'opportunità di far sì che le persone che iniziano, crescono, progrediscono e si formano con te possano continuare a prosperare senza necessariamente allontanarsi dalla tua agenzia e senza necessariamente aprire un loro punto vendita. Come ti sentiresti? Sicuramente meglio.

E allora perché non costruire un sistema che ti permetta di far crescere i consulenti che lavorano con te e, nello stesso tempo, evitare di far sì che possano prendere una strada differente? Proprio per questo motivo, un programma di costruzione di un'agenzia all'interno dell'agenzia lo devi avere.

A proposito di questo, abbiamo studiato un piano che voglio

condividere con te e che può aiutarti a far crescere esponenzialmente la tua agenzia facendola diventare un centro di intermediazione immobiliare; oppure, se sei un consulente immobiliare e non hai una tua agenzia, ti può aiutare a costruire un team immobiliare all'interno dell'agenzia o della struttura per cui lavori. I consulenti immobiliari hanno l'opportunità di costruire una vera e propria agenzia all'interno del nostro centro di intermediazione immobiliare.

Ma da dove partire? Come puoi creare un piano di coaching personalizzato per le persone che vogliono costruire un team? Quello che devi fare è creare un metodo che sia replicabile e facilmente eseguibile. Devi sviluppare, insieme al consulente, un piano di azione che possa dargli modo di crescere velocemente e al contempo di mantenere la sua produttività.

Il mio consiglio è quello di iniziare sempre dal *perché*. Perché una persona dovrebbe costruire un team? Qual è il suo scopo? È molto importante conoscere cosa vuole una persona che lavora con te, questo ti aiuterà ad aiutarla e ti darà nello stesso tempo la leadership giusta per mantenerla nel tempo:

- Definire con lui/lei un piano di carriera sin da subito.
- Definire il fatturato del team per l'anno corrente.
- Definire il mercato di riferimento del team.
- Conoscere il mercato di riferimento dove vuoi lavorare con il team.
- Analizzare le necessità del tuo team.
- Creare un database di reclutamento.

Nel definire gli obiettivi devono considerare:
1. Volume d'affari.
2. Reclutamento.

1. Obiettivi annuali in volume d'affari:
Valore medio incarichi (il costo medio degli immobili acquisiti)
Valor medio delle provvigioni (ad esempio il 3%).
Valore medio delle transazioni (a quanto ammonta l'incasso medio per cliente)
Obiettivo annuale in numero di transazioni

2.Obiettivo reclutamento: create un piano di reclutamento insieme, ormai siete in grado di farlo. Che tipo di agente vuole? Come deve dividere inizialmente il lavoro di vendita e quello di reclutamento? Questi sono esempi delle domande su cui io pongo la mia attenzione per poter aiutare le persone a costruire la propria azienda all'interno della nostra organizzazione. Riuscire a trasferire il know-how dell'azienda in modo efficace è di fondamentale importanza. Individua quelle che sono le *best practice* che servono alle persone che lavorano con te per poter sviluppare il loro business.

Un'idea potrebbe essere quella di creare un percorso di alcune settimane, nel mio caso otto, per accompagnare passo dopo passo i tuoi team leader nella loro attività. Ogni settimana, per esempio, potresti fare una riunione con tutti loro per aiutarli a svolgere le attività con le quali potranno crescere.

Il tuo compito è quello di individuare le azioni da svolgere e, settimanalmente, verificarne gli effettivi risultati. Sono azioni piuttosto semplici inizialmente e, via via, diventano più complesse nelle settimane. Di fatto, tutto quello che devi fare è insegnare loro i passi che ti hanno portato a costruire un'azienda con 30, 40, 50 persone.

So che ti sembra strano quello che ti sto dicendo, e cioè di trasferire tutte le tue conoscenze, questo però ti permetterà di far crescere le persone che lavorano con te in modo esponenziale e, di conseguenza, di far crescere la tua agenzia in brevissimo tempo e, soprattutto, di farla crescere solida dal punto di vista finanziario.

Ora prova a pensare a come si sentiranno le persone che, grazie a te, hanno potuto costruire una loro impresa all'interno della tua organizzazione senza la necessità di doverlo fare da sole, sicuramente ti saranno riconoscenti. Sarai per loro un esempio e una guida, così che a loro volta potranno far crescere le persone che lavorano con loro e che fanno parte del loro team dando a te, oltre che a loro, un'ulteriore opportunità di crescita.

Facendo tutto questo, riuscirai anche a tenere alta la loro motivazione e quella delle persone che vedranno l'opportunità di crescita che tu metti a loro disposizione, che possono sfruttare per dare valore alla propria carriera nel mondo immobiliare.

RIEPILOGO DEL CAPITOLO 4:

- SEGRETO n. 1: crea un sistema replicabile.
- SEGRETO n. 2: integra, affianca e forma.
- SEGRETO n. 3: crea un sistema provvigionale incentivante.
- SEGRETO n. 4: parti sempre dal perché.

Capitolo 5:
Come gestire al meglio la tua squadra

Come avrai capito, il processo di reclutamento non finisce quando il consulente entra a far parte della tua organizzazione, ma continua attraverso l'integrazione, la messa in produzione e la crescita del tuo consulente. Una delle cose che ti permetterà di essere performante e sicuramente mantenere la motivazione all'interno del tuo team con ogni singolo consulente, con ogni singolo team leader, con ogni singolo membro dello staff.

Ecco alcuni suggerimenti per far sì che tu possa mantenere alta la motivazione dei tuoi consulenti e lavorare con loro giorno dopo giorno per la loro crescita professionale.

1. Analisi degli obiettivi

Analizza attentamente insieme a loro quali sono i loro obiettivi. Non mi riferisco solo a obiettivi in termini economici e di fatturato per l'agenzia, ma anche obiettivi personali. Ti suggerisco un acronimo che spiega meglio questa definizione: O.S.A., che sta per "obiettivo, scopo, azione". La parte più importante è lo scopo, ossia il perché le persone che sono di fronte a te vogliono intraprendere o vogliono progredire nella loro carriera.

Chiedi sempre qual è la cosa che li fa svegliare la mattina, qual è la motivazione che li spinge a ottenere grandi risultati. Lavorare su questo è molto importante perché, nei momenti di difficoltà, aggrapparsi alla propria motivazione dà la forza di poter superare tutti gli ostacoli. Insomma, se il perché è forte, il come non è mai un problema.

Una volta individuato lo scopo, definire un obiettivo diventa abbastanza semplice. L'obiettivo deve essere specifico, misurabile, accessibile, realistico e temporale, insomma, in una parola, S.M.A.R.T. L'ideale è condividerlo con persone di fiducia, azione che responsabilizza. Specifico: deve essere chiaro chi, come, dove, quando, che cosa e perché. Misurabile: l'obiettivo deve potersi tradurre in un numero. Accessibile: ti devi mettere nelle condizioni operative di raggiungere il risultato. Realistico: il valore fissato deve essere il frutto di un'analisi accurata e ponderata che accerti i reali presupposti di fattibilità, non deve essere un desiderio che si dilegua alla prima difficoltà. Temporale: deve avere il tempo di realizzazione.

Una volta definito l'obiettivo, hai determinato una rotta per raggiungere una meta. Ora non resta altro che definire un piano con il consulente affinché raggiunga quell'obiettivo.

2. Piano d'azione

La costruzione di un piano d'azione necessita di una strategia efficace. Nella costruzione di un piano d'azione, una delle cose che devi tenere a mente è il fatto che, nel definirlo, i tuoi consulenti si devono assumere la responsabilità delle scelte e della pianificazione.

Il piano di azione deve essere specifico e realistico. Ad esempio, se un tuo consulente vuole diventare team leader, e per fare questo ha la necessità di reclutare 10 persone in un anno, significa che, mediamente, dovrà reclutarne una o due al mese. Non è realistico che ne possa reclutare 10 in 10 giorni.

Inoltre potrebbe avere bisogno di continuare a produrre per potersi mantenere, e quindi dovrà pianificare le attività da svolgere durante le giornate sia in termini di reclutamento sia in termini di produzione.

Potrebbe iniziare col dedicare due giorni a settimana per il reclutamento e tre giorni a settimana per la produzione e poi, via via, invertire questa tendenza fino a che non avrà raggiunto l'obiettivo prefissato che gli consentirà di dedicare il suo tempo solamente alla fase di reclutamento e di gestione.

Aiutalo a fissare dei traguardi intermedi misurabili. Fissare delle tappe intermedie mensili o bisettimanali aiuta a essere motivati, inoltre dà modo di vedere i progressi fatti ed eventualmente correggere tutti quegli aspetti che non stanno funzionando come vorremmo. Tutto questo aiuta anche a non avere un'eccessiva attenzione all'obiettivo e permette di concentrare l'attenzione su ciò che si sta facendo.

Crea insieme a lui una programmazione per le attività da svolgere e fissate una scadenza per ogni attività per evitare di lavorare in urgenza. Incentivalo a fare tutto nel migliore dei modi e a non fermarsi fino a che non avrà raggiunto il suo obiettivo.

3. Analizza i risultati

Cosa sono i KPI? Perché sono importanti? Sono gli indicatori di performance, cioè quelle chiavi che ci consentono di capire in che direzione stiamo andando, quali risultati stiamo ottenendo, quali sono le aree in cui dobbiamo migliorare. Oltre a questo, ci aiutano a rendere prevedibile l'attività.

Sia l'agenzia sia gli agenti immobiliari o i team leader devono tenere traccia dei loro numeri. Per aiutare la tua squadra a ottenere risultati migliori e a prosperare, devi lavorare sui numeri, devi saperli leggere e devi dare delle soluzioni. I parametri su cui devi fare affidamento sono gli indicatori che traducono il nostro lavoro in numeri. Ma da dove partire? Sempre dalla fine.

Cerco di spiegarmi meglio. I KPI devono essere necessariamente e strettamente legati agli obiettivi che ci si propone di raggiungere. Una volta definito l'obiettivo vanno definiti in anticipo. Devono inoltre essere quantificabili e misurabili, in quanto devono permettere di analizzare i progressi fatti. Questo vale sia per i tuoi consulenti sia per te.

Voglio farti un esempio. Supponiamo che tu e il tuo consulente abbiate concordato un obiettivo di produzione di 60.000 euro l'anno e che ogni transazione valga 4.000 euro. Per ottenere i 60.000, il tuo consulente avrà bisogno di realizzare 15 transazioni. Decidiamo poi che 8 di queste saranno lato venditore e 7 lato acquirente. Devi individuare (e questo lo fai secondo la tua esperienza) quanti incarichi di vendita servono per fare 8 transazioni.

Supponiamo che ne servano il doppio, quindi 16. Per prendere 16 incarichi avrò bisogno di 64 presentazioni (supponendo che siano 1 ogni 4). Per fare 64 presentazioni avrò bisogno di 100 notizie e per ottenere 100 notizie dovrò fare 3.000 contatti. Se suddividiamo per 10 mesi all'anno, significa che il mio business funzionerà se farò 300 contatti al mese, che sono circa 15 al giorno considerando 20 giorni lavorativi. Questo mi porterà 10 notizie, 6/7 presentazioni e 1/2 incarichi al mese.

Lo stesso schema va fatto per gli acquirenti. È un business prevedibile, vero? Attraverso i numeri, potrai aiutare il tuo team a crescere e a fatturare di più. Questo avverrà se saprai leggere i numeri e se capirai ciò di cui ogni consulente o team leader ha bisogno per migliorare.

Ad esempio, se un consulente fissa molte visite di presentazione ma prende pochi incarichi, probabilmente dovrà allenarsi sulla presentazione del servizio e sulla gestione delle obiezioni. Se invece fissa poche visite di presentazione, magari è perché fa pochi contatti o prequalifica male un cliente. Avere traccia dei propri numeri è fondamentale per far funzionare al meglio il tuo business e quello dei tuoi consulenti. Anche nel reclutamento, i team leader devono tenere traccia dei loro numeri. Qual è l'obiettivo di reclutamento? Quanti consulenti vuole del settore e quanti fuori settore? Di quanti appuntamenti ha bisogno por raggiungere il suo obiettivo? Quanti contatti deve fare per ottenere il numero di appuntamenti desiderati? Come vedi è sempre uguale, per tutti i settori della tua azienda.

Siamo giunti alla fine del libro, "Broker Imprenditore" spero che possa esserti di ispirazione e che possa aiutarti a iniziare a intraprendere la strada che ti porterà a costruire il tuo centro di intermediazione immobiliare.

Dovrai porti degli obiettivi sfidanti, dovrai sempre essere positivo e sicuro che li raggiungerai. Sarà un cammino fatto di grandi ostacoli che ti accompagneranno in questa strada e tu dovrai superarli. Ti troverai spesso ad avere paura di cambiare, ma tu continua per la tua strada e non ascoltare le vocine interne alla tua testa che cercheranno di farti mollare.

E ci saranno dei momenti in cui sarà necessario aumentare le tue competenze attraverso corsi di formazione, coaching, o in cui dovrai migliorare e cambiare la tua comunicazione. Per poter fare un buon lavoro devi autodisciplinarti, la buona disciplina dà sempre grandi risultati, mentre l'insidia della scarsa disciplina ti porterà ad allontanarti dal tuo obiettivo. Non cercare di essere perfetto, non preoccuparti di fare le cose in modo minuzioso, l'unica cosa che devi fare ora è agire.

RIEPILOGO DEL CAPITOLO 5:

- SEGRETO n. 1: il reclutamento continua dopo l'assunzione.
- SEGRETO n. 2: mantieni alta la motivazione del tuo team.
- SEGRETO n. 3: O.S.A.: obiettivo, scopo, azione.
- SEGRETO n. 4: stabilisci un piano d'azione.
- SEGRETO n. 5: tieni sempre traccia dei numeri.

Conclusione

Ho deciso di scrivere questo libro perché voglio aiutarti a costruire il tuo grande centro di intermediazione immobiliare. Dopo quel viaggio in Portogallo, il mio obiettivo è diventato quello di aiutare le persone a costruire qualcosa di importante nel settore dell'immobiliare. L'ho fatto perché, come te, sono stato aiutato a intraprendere il viaggio che mi ha portato oggi ad avere un'azienda con oltre 90 collaboratori e a essere una delle agenzie immobiliari più produttive a livello nazionale.

Fino a questo momento, hai visto l'attività più importante che devi svolgere per iniziare la tua scalata, cioè il reclutamento.

Ci sono però altri passaggi che sono altrettanto importanti per aiutarti a crescere, a performare e a mantenere il tuo team:

1 Come creare i dipartimenti passo dopo passo senza caricarti di costi impossibili da sostenere, soprattutto nelle prime fasi della tua crescita.
2 Come creare dei piani provvigionali incentivanti che ti

permettano di gestire al meglio la redditività della tua azienda e nello stesso tempo che siano interessanti per i tuoi agenti immobiliari.

3 Come generare team leader e fare in modo che anche loro possano costruire un'impresa all'interno dell'impresa, aiutandoli con le strategie che permettono a te di crescere.
4 Come costruire un programma di coaching per ogni tuo consulente e per ogni team leader.
5 Come generare entrate automatiche per te, per i tuoi consulenti e per i tuoi team leader.

Il sistema di lavoro che stiamo adottando è senza dubbio un metodo che permette velocemente di aumentare la produttività della tua azienda e quella dei tuoi consulenti, con la possibilità, per te e per loro, di creare un'impresa che non dipenda da una persona in particolare e di generare anche delle entrate automatiche in modo da slegare il tuo tempo dal denaro. Qui di seguito voglio riportare le testimonianze di chi ha costruito e sta costruendo la sua impresa nell'impresa attraverso le strategie e i sistemi a loro disposizione.

Gennaro Leo

Era giugno 2020 quando, in piena emergenza sanitaria, incertezza economica e lavorativa, mi venne proposto un progetto innovativo e ambizioso. «Stiamo investendo nella nostra azienda con l'obiettivo di avere il primato nel mercato immobiliare per noi e per i nostri consulenti», queste sono state le parole di Alessandro Sanvito la prima volta che ci siamo sentiti quel mese. Dopo 20 secondi gli ho risposto: «Ok, quando iniziamo?»

Da quel momento è partito il mio "sogno" all'interno del centro di intermediazione immobiliare Expo Lab, che oggi, con orgoglio e determinazione, portiamo avanti senza sosta, sempre focalizzati a dare il massimo nel presente e migliorare il futuro.

Partito da zero, ricordo i miei primi mesi, tutti i giorni con Alessandro a studiare come poter far partire la mia squadra, osservando i numeri, capendo come impostare le riunioni sia di gruppo sia individuali, confrontandosi su come reclutare e far crescere velocemente le persone.

Sono stati mesi di grandi sacrifici, con la tensione di nuove chiusure e limitazioni a causa della pandemia. Alessandro mi ha aiutato a tenere la motivazione sempre alta e mi ha supportato nel percorrere la strada che mi ha permesso di organizzare e strutturare il mio team.

Oggi, dopo solo nove mesi, mi guardo indietro e ancora non credo a quello che siamo stati in grado di creare. Grazie all'azienda strutturata a dipartimenti e all'affiancamento, al coaching e al monitoraggio, oggi il mio team personale conta circa 25 persone motivate e appassionate ed è di esempio per quelli che stanno iniziando.

Penso di aver fatto una cosa semplice ma al contempo molto coraggiosa: mi sono affidato totalmente ad Alessandro. Lui mi ha dato fiducia e io ho seguito i suoi protocolli senza discutere o lamentarmi, perché avevo capito che quella era la strada del mio successo. So di essere solo all'inizio, so che ci saranno altri ostacoli da superare, ma so anche che abbiamo le spalle forti per guardare avanti con entusiasmo e fiducia. And now, straight to the target!

Andrea Orsi (Top Producer)

Lavoro con Alessandro da otto anni. Partendo da zero e dovendo imparare tutto, ho avuto una crescita costante aumentando il mio business del 20% ogni anno. Negli ultimi due anni, seguendo la formazione e facendo un percorso di coaching personale, sono riuscito, nell'anno peggiore degli ultimi 20 anni, il 2020, a raddoppiare il business generato nel 2019.

Conoscendolo da molti anni, penso che Alessandro, prima di dedicarsi ad aiutare gli agenti immobiliari a creare la loro organizzazione, sia stato il miglior agente immobiliare che abbia mai visto in azione, ed è proprio questo che gli permette di trasferire alle persone che fa crescere e che forma, oltre alla teoria, tanta, tanta, tanta pratica ed esperienza personale.

Massimo Forte (Formatore, Coach e Real Estate Influencer)

Alessandro Sanvito è un professionista e anche uno studioso del mercato dell'intermediazione immobiliare. In questo libro ha voluto darci il suo punto di vista pratico sulle basi della gestione operativa di un'impresa di questo settore, così importanti per l'economia di qualsiasi paese. Ogni manager di qualsiasi agenzia immobiliare dovrebbe leggerlo e, soprattutto, applicarlo tutti i giorni. Per questo è nostro dovere ringraziare Alessandro per questa iniziativa.

Sono orgoglioso di affiancare queste fantastiche persone nella loro crescita personale e nella costruzione del loro impresa di intermediazione immobiliare, aiutando altri a proliferare e a fare lo stesso. Sicuramente non è un percorso facile ma, come stanno dimostrando queste persone, niente è impossibile se ci credi fino in fondo.

Conosco molti agenti immobiliari e molti titolari d'agenzia che cercano di trovare un confronto con chi si è già trovato in una situazione simile alla loro e ha trovato un sistema per crescere più velocemente.

Per questo motivo, se ti è piaciuto questo libro e hai piacere a entrare in contatto con me, puoi trovarmi qui: www.brokerimprenditore.com e prenotare la tua coaching personalizzata.

Ti mostrerò concretamente i sistemi, gli strumenti e le azioni che mi hanno aiutato a crescere esponenzialmente passando da 1 a 80 consulenti in 3 anni e decuplicando il fatturato.

Allora, cosa aspetti? Inizia subito! Ti aspetto.

Alessandro Sanvito

Ringraziamenti

Voglio ringraziare innanzitutto la mia famiglia a partire da mia moglie Elena, che mi sta sempre accanto e sostiene le mie scelte.

I miei genitori, che mi hanno sempre spronato a dare il meglio di me e a non arrendermi mai. Le mie sorelle, Serena e Francesca, che tutti i giorni sono costrette a sopportarmi.

I miei soci, Serena (mia sorella), Romano e Raffaello, per essere una fonte di ispirazione per la condivisione di un progetto globale, il più ambizioso d'Europa, che ci sta permettendo di ottenere risultati incredibili.

Luis Fernandes, il mio mentore.

Uno dei miei coach, Massimo Forte, formatore di livello internazionale.

Dario Castiglia per avermi aperto le porte di un mondo

straordinario, Re/Max

Tiziano Benvenuti un altro dei miei coach

I miei Broker Imprenditori (team leader) che, grazie al loro fantastico lavoro, stanno portando l'azienda tra le prime a livello nazionale e che sono il nostro motore.

Tutti i consulenti per la dedizione e la professionalità che ogni giorno li contraddistingue.

Il nostro meraviglioso staff (i dipartimenti): sono loro il cuore pulsante dell'azienda.

Infine vorrei fare una dedica speciale a Saverio che, mentre scrivo queste righe, non c'è più e che ha lasciato vuoto e tristezza nei cuori di tutti. Sei stato una persona speciale, un uomo d'onore, un vero cavaliere, hai insegnato a tutti noi cos'è la vera solidarietà e la voglia di aiutarsi l'un l'altro. È stato un onore averti conosciuto.

www.ingramcontent.com/pod-product-compliance
Ingram Content Group UK Ltd.
Pitfield, Milton Keynes, MK11 3LW, UK
UKHW022016190726
13853UKWH00005B/1968

9 788861 749399